Contraste insuffisant

NF Z 43-120-14

COURS

D'ANTIQUITÉS MONUMENTÂLES

PROFESSÉ A CAEN, EN 1830,

Par M. de Caumont,

CORRESPONDANT DE L'INSTITUT DE FRANCE.

HISTOIRE

DE

L'ART DANS L'OUEST DE LA FRANCE,

DEPUIS LES TEMPS LES PLUS RECULÉS JUSQU'AU XVII\. SIÈCLE.

Atlas.

TROISIÈME PARTIE. — ÈRE GALLO-ROMAINE.

PARIS,

CHEZ DERACHE, RUE DU BOULOY; Nº. 7,

CAEN, A. HARDEL, SUCCESSEUR DE M. CHALOPIN, RUE FROIDE, Nº. 2;

ROUEN, FRÈRE, QUAI DE PARIS.

1838.

Toscan. Dorique. Ionique. Corinthien. Composite.

Corniche.
Cymaise.
Larmier.
Cymaise inférieure.
Frise.
Architrave.
Chapiteau.
Fût.

Modillon.

Bases Toscane. Dorique, Ionique, Corinthienne Composite.

Filet.
Larmier.
Platte-bande.
Baguette. Quart de rond.

Biseau.
Gorge.
Scotie.
Cavers.
Gorge.

Talon.
Doucine.
Anthropose.
Fer de Corbin.

A. Loisel.

1 elæothesium   3 tepidarium   5 caldarium
2 frigidarium   4 concamerata sudatio   6 balneum

N.º 2

Vue des bains de Dioclétien.

N.º 1

Ancienne peinture des bains de Titus.

N.º 3

Église St Laurent

Rue

Laurent

13   14   3

Plan des bains antiques découverts à Bayeux. 1831

Echelle.
20 mètres

Instrumens pour les Bains.

N.º 4

Plan des bains antiques, découverts à
Lillebonne, en 1825

Echelle.
30 mètres

Toscan.   Dorique.   Ionique.   Corinthien.   Composite.

7 Diamètres ou 14 modules.
8 Diamètres ou 16 modules.
9 Diamètres ou 18 modules.
10 Diamètres ou 20 modules.
10 Diamètres ou 20 modules.

2 M. 8 p.   3 M. 4 p.   6 M.   7 M.   7 M.

Proportions relatives des ordres.

Lithog.ᵉ de A. Hardel à Caen.

A.ᵉ Læsel sculp.

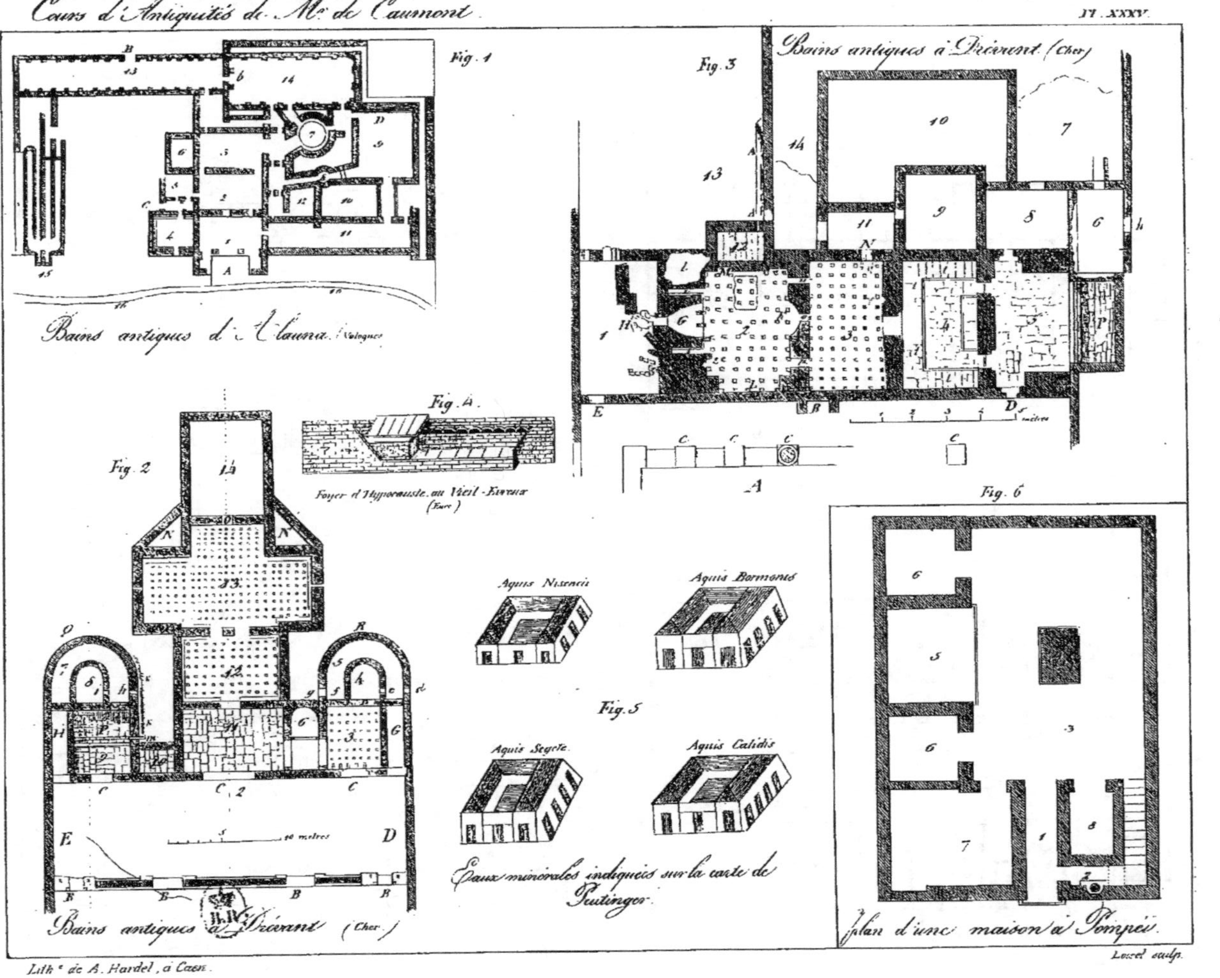
Fig. 1
Bains antiques d'Alauna. (Valognes)
Fig. 3
Bains antiques à Drevent. (Cher)
Fig. 2
Fig. A
Foyer d'Hyperaaste, au Vieil-Evreux (Eure)
A
Fig. 6
Aquis Nisincii
Aquis Bormonis
Fig. 5
Aquis Segeta
Aquis Calidis
Eaux minérales indiquées sur la carte de Peutinger.
Bains antiques à Drevent. (Cher)
Plan d'une maison à Pompéi.
Lith. de A. Hardel, à Caen.
Lessel sculp.

Fig. 4

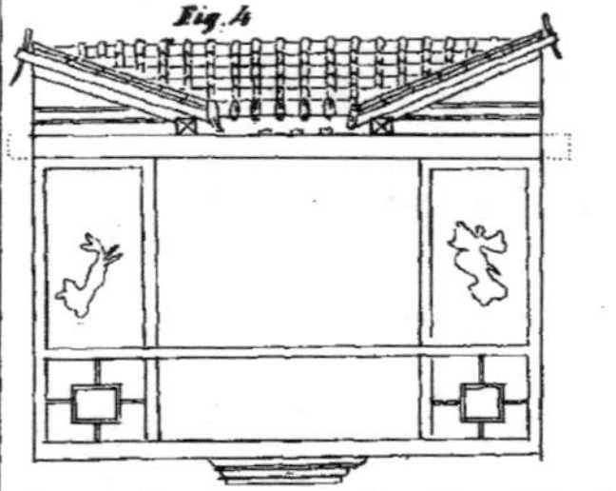

Coupe et élévation d'un Atrium toscan de Pompéi.

Fig. 2

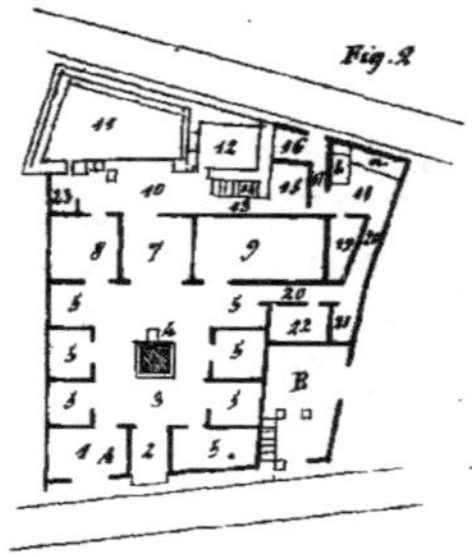

Plan d'une Maison à Pompéi.

MER

Fig. 5

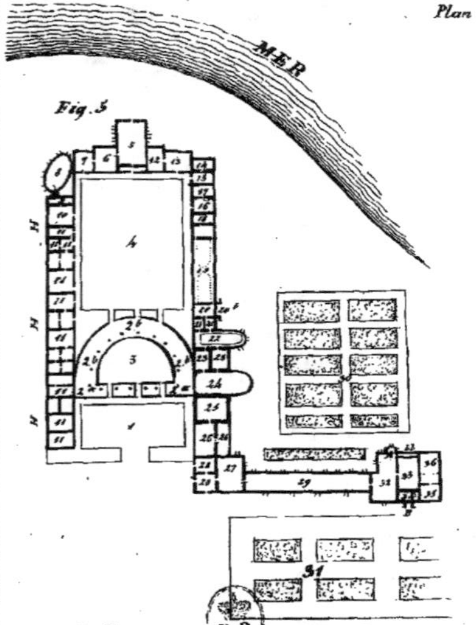

Plan idéal de la maison de Pline, à Laurente près d'Ostie.

Fig. 3

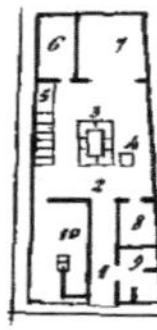

Plan d'une Maison à Pompéi.

Fig. 1

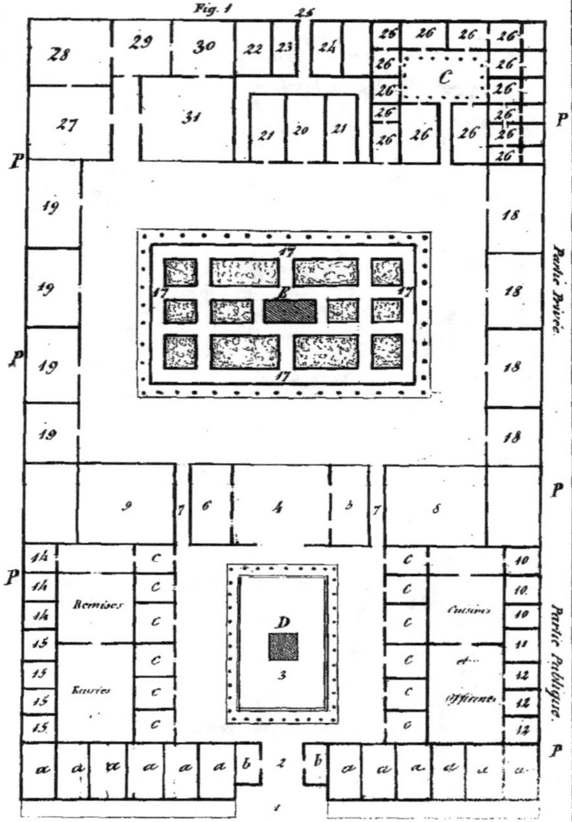

Partie Privée.

Partie Publique.

Remises

Écuries

Cuisines

Officines

Plan d'une maison de ville Romaine.

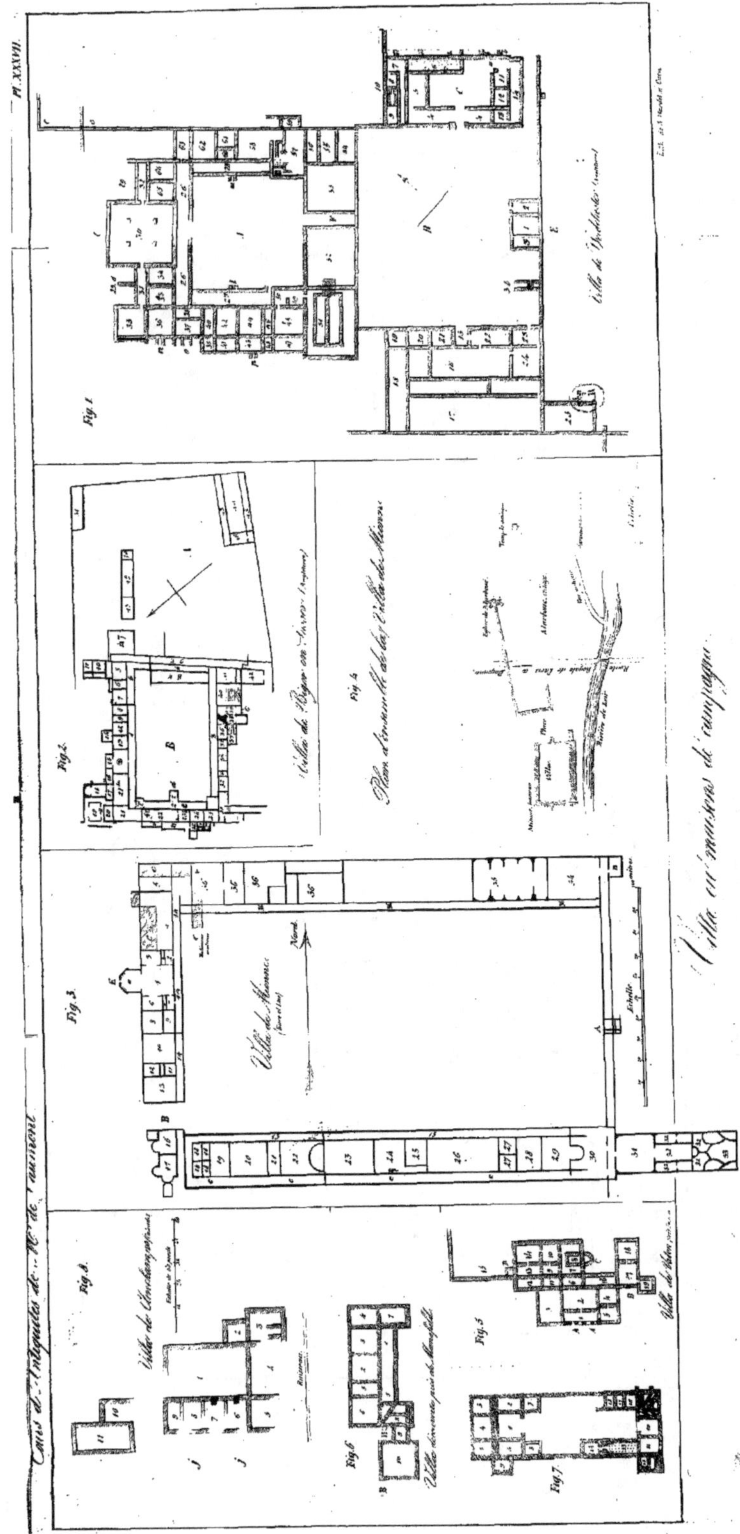

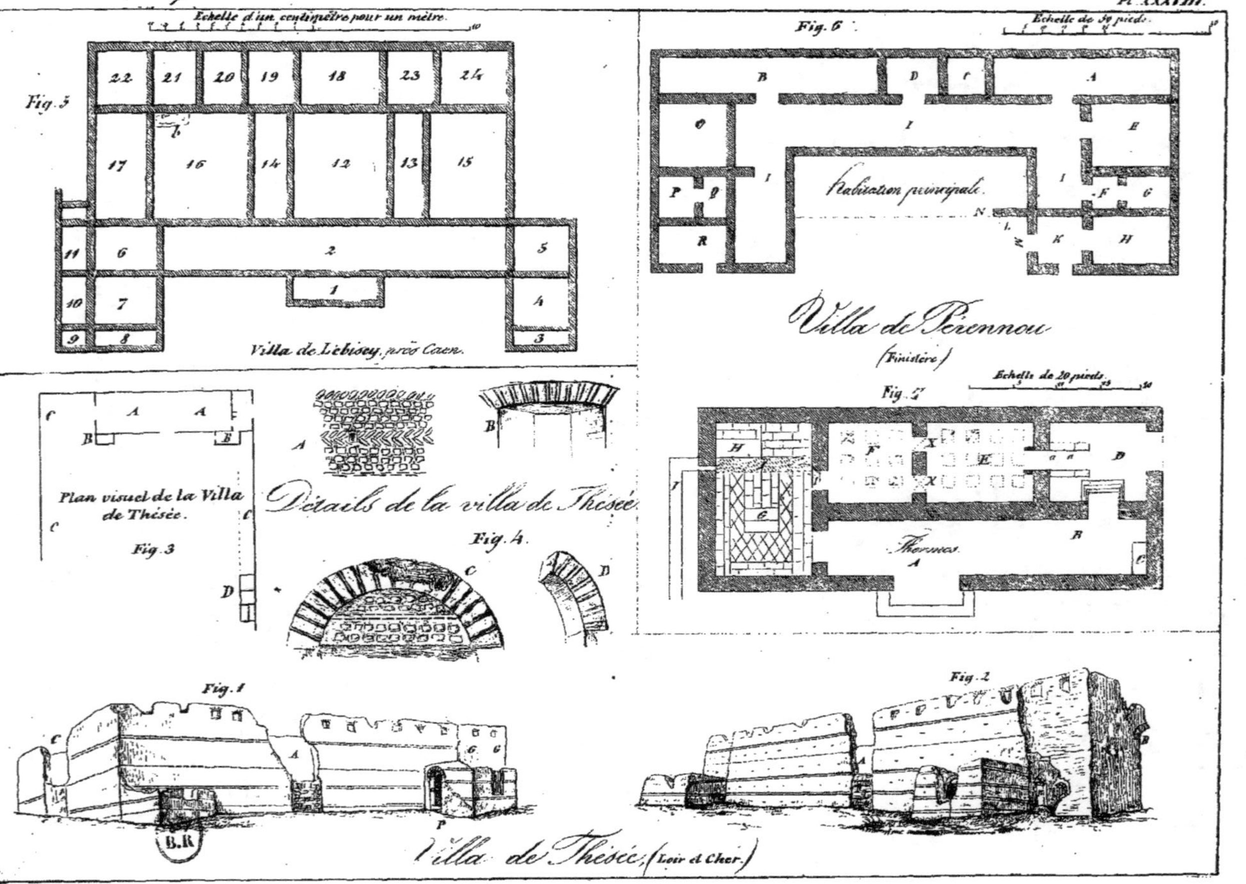

Cours d'Antiquités de Mr. de Caumont.
Pl. XXXVIII.
Echelle d'un centimètre pour un mètre.
Fig. 5
Villa de Lébisey, près Caen.
Echelle de 50 pieds.
Fig. 6
Habitation principale.
Villa de Pérennou
(Finistère)
Echelle de 20 pieds.
Fig. 7
Thermes.
Plan visuel de la Villa de Thésée.
Fig. 3
Détails de la villa de Thésée.
Fig. 4
Fig. 1
Fig. 2
Villa de Thésée, (Loir et Cher.)
B.R

Portion de l'Aqueduc de Luynes.
(Indre et Loire)

Arcade de l'Aqueduc de Metz.

Aqueduc Romain comm.ᵉ de Faucouvratte
(Charente inférieure)

Villa des Arènes près Saintes.

Villa de Great Wicombe. (Angleterre)

Fig. 2

Arc de Triomphe de Saintes.
(Côté du Faubourg.)

Fig. 3

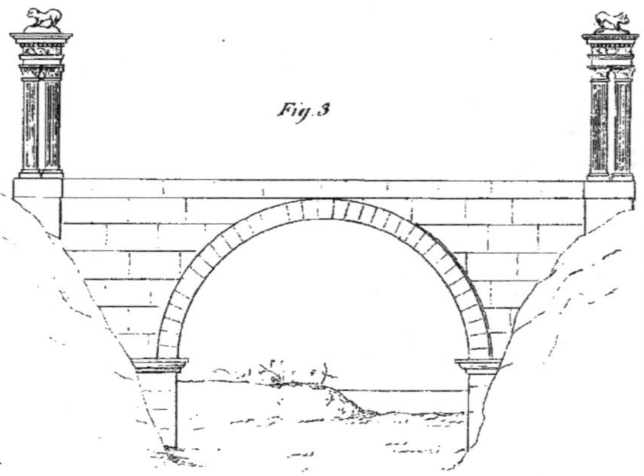

Pont et Arcs de St Chamas.

Fig. 5

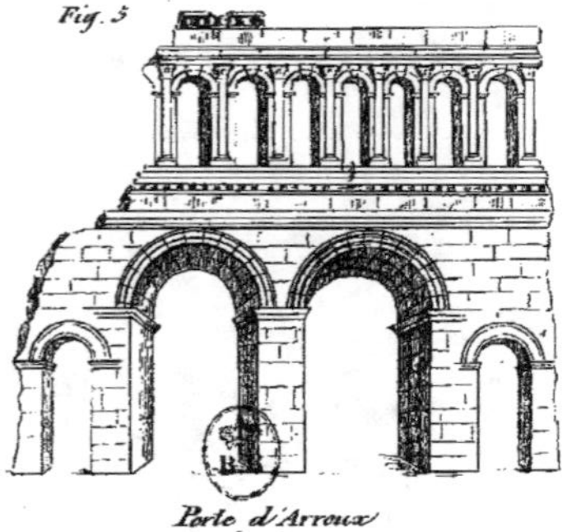

Porte d'Arroux
à Autun.

Fig. 4

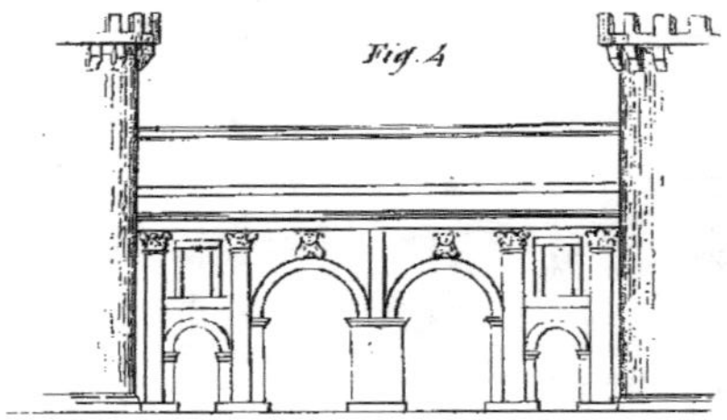

Porte d'Auguste
à Nîmes.

Fig. 1

Arc de Triomphe d'Orange.

lith. de A. Hardel, à Caen.

Arcs de Triomphes et Portes Monumentales.

Fig. 1

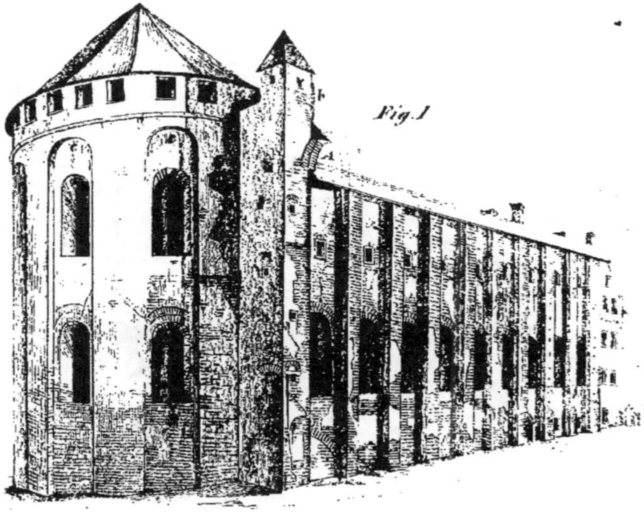

Palais de Constantin à Trèves

Fig. 2

Ruines des Bains du Palais de Constantin, à Trèves.

Fig. 3

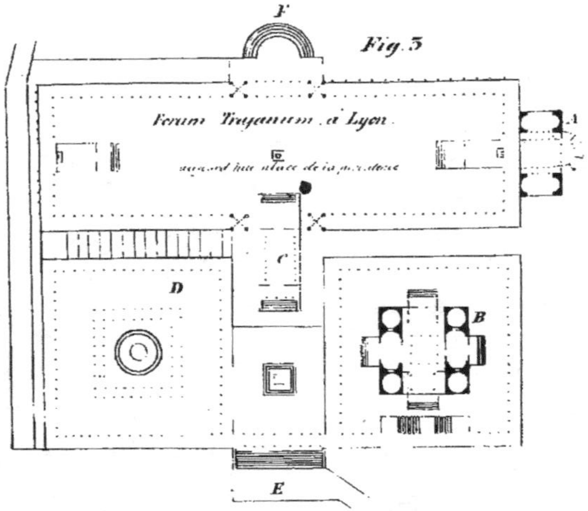

Forum Trajanum à Lyon.

aujourd'hui place de la prefecture

Palais d'Antonin à Lyon.

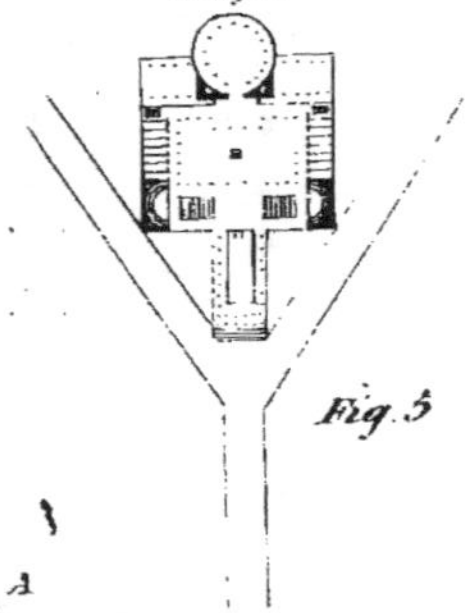

Fig. 5

Fig. 4

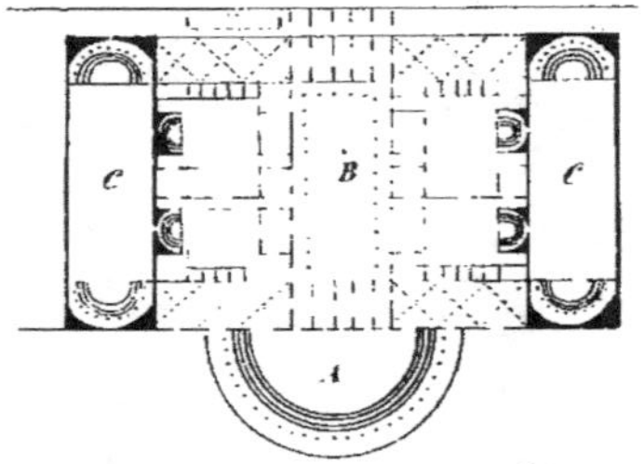

Plan du palais de Trajan à Lyon.

Échelle de 250 mètres.

Fig. 1
Fig. 2
Fig. 3
Fig. 7
Fig. 6
Fig. 4
A
B
C
c c
b b
Ruines du Forum d'Avenches
Pyramide de Vienne
Obélisque d'Arles
Pyramide d'Igel
Colonne de Cussy
Fig. 3
Plan visuel du Forum. Fig. 3
Fig. 3 C
Fig. 11
Fig. 13
Fig. 8
Fig. 9
Fig. 10
B
Postscean
Prostyle
Amphiprostyle
Périptère rond
Hypèthre
Maison carrée de Nîmes
Plan de la maison carrée
Pseudo-périptère
Fig. 14
Lenoel del.

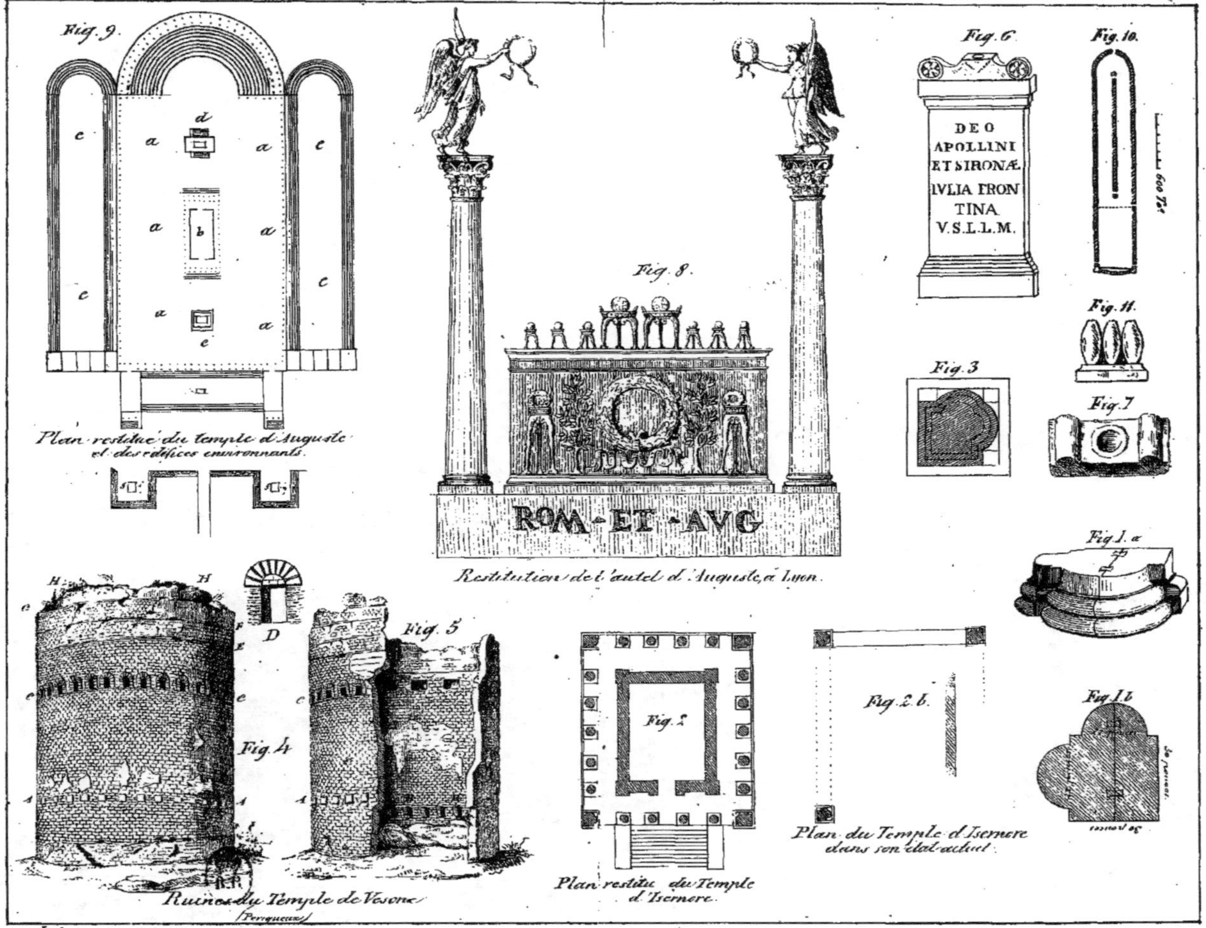
Fig. 9.
Plan restitué du temple d'Auguste et des édifices environnants.
Fig. 8.
ROM · ET · AVG
Restitution de l'autel d'Auguste, à Lyon.
Fig. 6.
DEO
APOLLINI
ET SIRONÆ
IVLIA FRON
TINA
V.S.L.L.M.
Fig. 10.
600 Tes
Fig. 11.
Fig. 3
Fig. 7
Fig. 1. a
Fig. 1. b
Fig. 4
Fig. 5
Ruines du Temple de Vesone (Perigueux)
Fig. 2
Plan restitué du Temple d'Isernore.
Fig. 2. b.
Plan du Temple d'Isernore dans son état actuel.

Lith. de A. Hardel, à Caen.

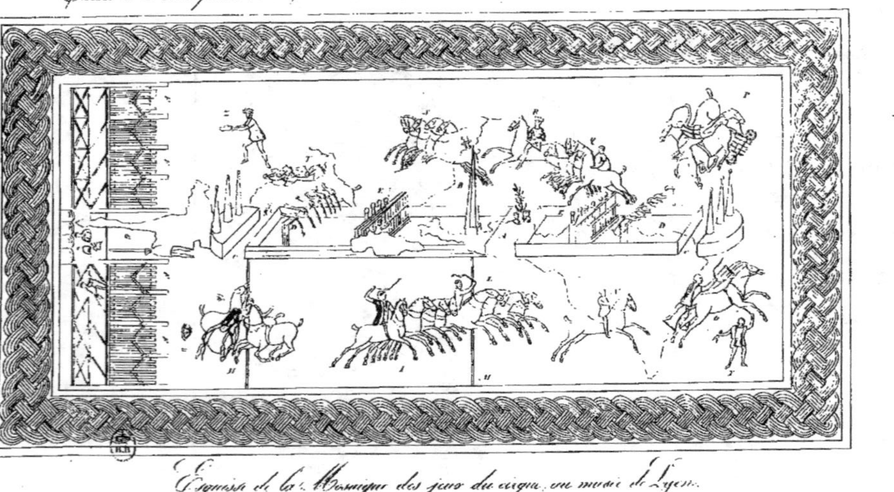

Esquisse de la Mosaïque des jeux du cirque, au musée de Lyon.

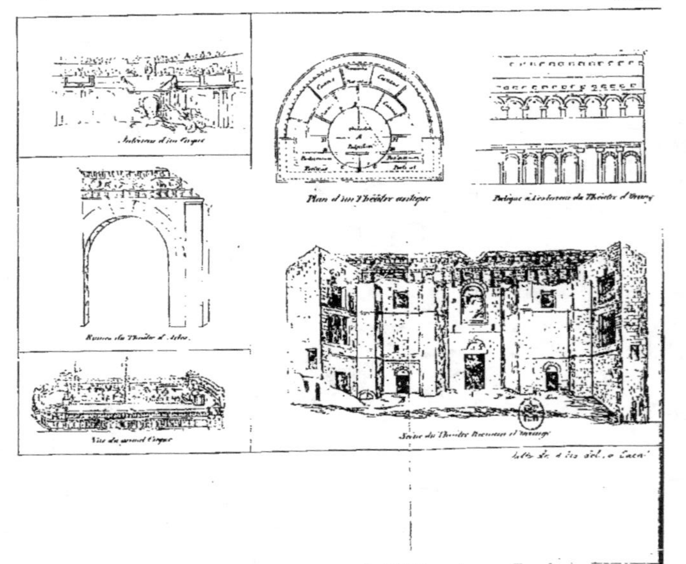

PL. XLI bis

Fig. 2

Plan des mosaïques rejoignant l'orchestre
du Pulpitum.

Fig. 4

Portion des murs de la galerie circulaire du
Théâtre de Lillebonne, donnant accès aux
escaliers de la cavea.

Fig. 1

Ruines du Théâtre d'Arles.

Fig. 5

Plan visuel du Théâtre de Lisieux.

Fig. 3

Media Cavea

Ima Cavea

Maxima Cavea

Échelle d'un millimètre pour mètre.

Plan du Théâtre romain de Lillebonne.

Lith. de A. Hardel à Caen.

Coupe de la cavea de l'Amphithéâtre à Arles.

Roche.

Coupe pour montrer la disposition des galeries d'un Amphithéâtre.

Galerie de l'Attique.

Galerie extérieure du second étage.

Galerie extérieure du rez-de-chaussée.

Vomitoire.

Podium.

Arène.

Plan visuel de l'Amphithéâtre à Trèves.

Arrachement des voutes de la grande entrée du Théâtre de Lillebonne.

Grande entrée d'Arène.

M CVI
RAVIT
VAM AORIS

N VI
DEDIT

Murs du podium de l'Amphithéâtre d'Arles.

Coupe idéale de la cavea du Théâtre de Lillebonne.

Orchestre.

Coupe idéale de l'Emplacement de l'Amphithéâtre, à Trèves.

Podium.

Arène.

Ruines des Arènes de Saintes (vue intérieure)

Ruines des Arènes de Saintes (vue extérieure)

Ruines des Arènes de Bordeaux.

Amphithéâtre de Nîmes.

Plan de l'Amphithéâtre de Vésone.

Échelle de 100 Mètres.

Lith. de Hardel, à Caen

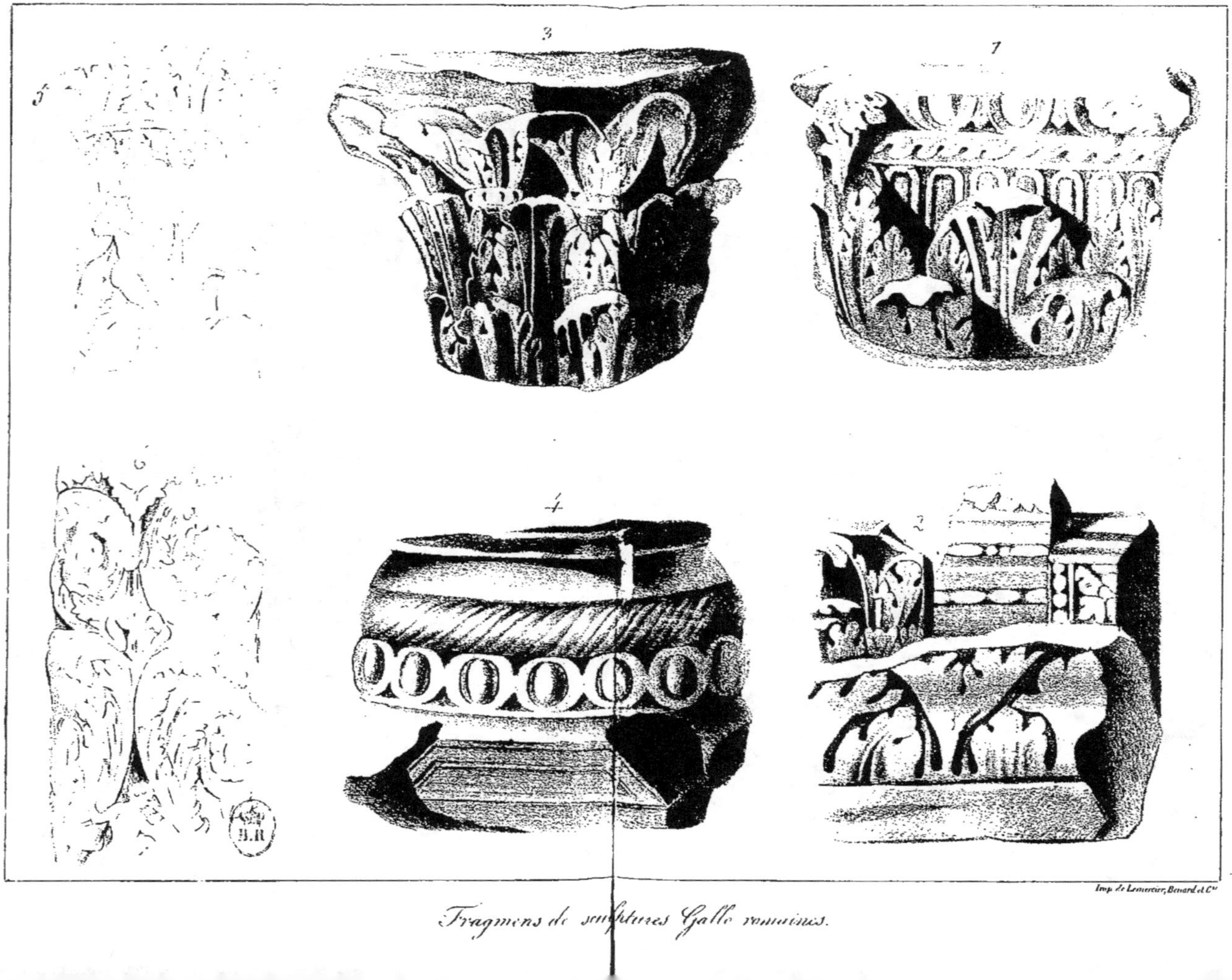

Imp. de Lemercier, Benard et C.ⁱᵉ

Fragmens de sculptures Gallo romaines.

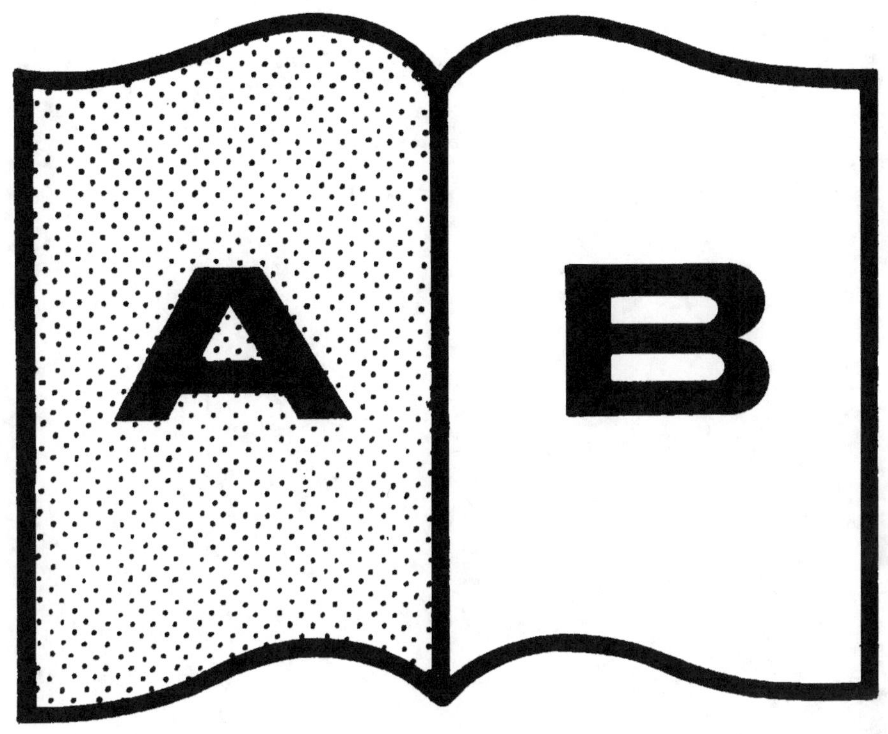

Contraste insuffisant

NF Z 43-120-14